AF494119

1 JUIN 1888 10 V

VENTE DU VENDREDI 1er JUIN 1888

HOTEL DROUOT, SALLE N° 9

TABLEAUX

ANCIENS ET MODERNES

DESSINS, AQUARELLES ET GRAVURES

OBJETS D'ART ET DE CURIOSITÉ

CADRES SCULPTÉS, LIVRES A FIGURES, ETC.

LE TOUT ARRIVANT DE L'ÉTRANGER

Et formant la Collection de feu M. le Docteur B. de A.

EXPOSITION PUBLIQUE

LE JEUDI 31 MAI 1888

De une heure à cinq heures.

COMMISSAIRE-PRISEUR

Me Paul CHEVALLIER

10, rue de la Grange-Batelières.

EXPERTS

M. Charles MANNHEIM
7, rue Saint-Georges.

M. Eug. FÉRAL, peintre
54, rue du Faubourg-Montmartre.

IMPRIMERIE D. DUMOULIN ET Cie
Rue des Grands-Augustins, 5, à Paris.

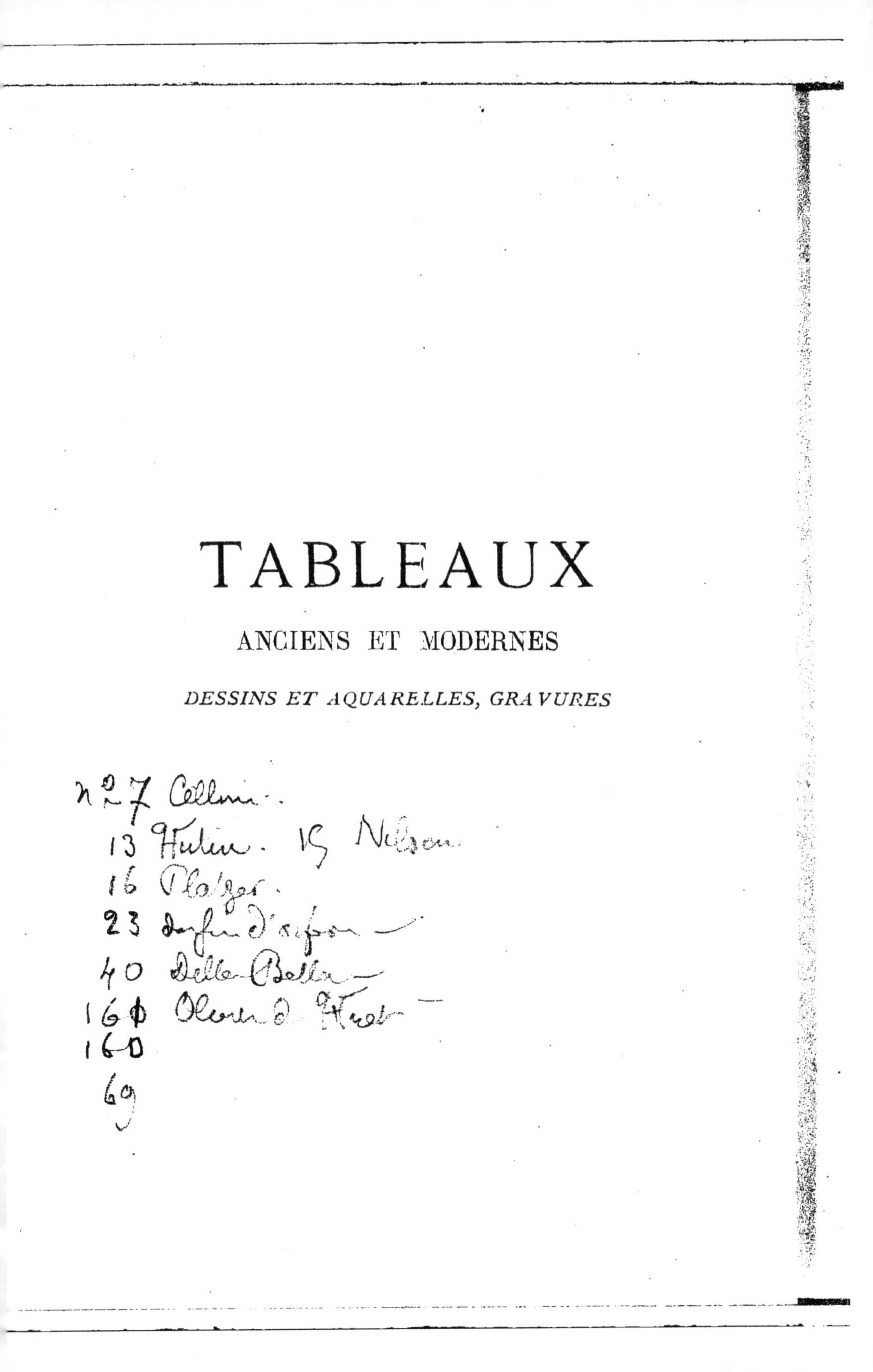

TABLEAUX

ANCIENS ET MODERNES

DESSINS ET AQUARELLES, GRAVURES

IMPRIMERIE D. DUMOULIN ET Cie
Rue des Grands-Augustins, 5, à Paris.

CATALOGUE

DE

TABLEAUX

ANCIENS ET MODERNES

DESSINS ET AQUARELLES, GRAVURES

OBJETS D'ART ET DE CURIOSITÉ

CADRES SCULPTÉS, LIVRES A FIGURES, ETC., ETC.

LE TOUT ARRIVANT DE L'ÉTRANGER

Et formant la Collection de feu M. le Docteur B. de A.

DONT LA VENTE AURA LIEU

HOTEL DROUOT, SALLE N° 9

Le Vendredi 1er Juin 1888, à 2 heures

COMMISSAIRE-PRISEUR

Me PAUL CHEVALLIER,

10, rue de la Grange-Batelière

EXPERTS

M. Ch. MANNHEIM	M. Eug. FÉRAL, Peintre
7, rue Saint-Georges.	54, rue du Faubourg-Montmartre.

Chez lesquels se trouve le présent Catalogue.

Exposition Publique : le Jeudi 31 Mai 1888

De une heure à cinq heures.

CONDITIONS DE LA VENTE

La vente sera faite au comptant.

Les acquéreurs payeront cinq pour cent en sus des enchères applicables aux frais.

L'exposition mettant le public à même de se rendre compte de l'état des objets, il ne sera admis aucune réclamation une fois l'adjudication prononcée.

Ayant reçu le présent catalogue à la dernière heure, et nous trouvant forcés de l'envoyer à l'impression sans avoir vu les objets, nous ne pouvons garantir les attributions.

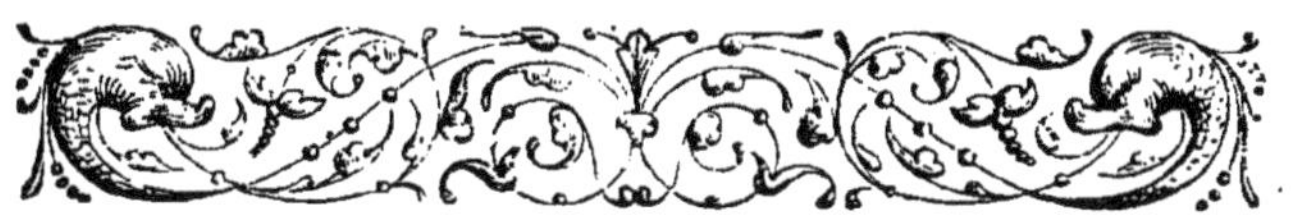

DÉSIGNATION

TABLEAUX

ANCIENS ET MODERNES

ENDLINGER

1 — *Le Jugement de Pâris. — Vénus chez Vulcain.*

Deux grisailles.
Signées et datées.

Toiles. Haut., 60 cent.; larg., 1 m.

FAUVELET

2 — *Offrande d'amour.*

Signé.

Bois. Haut., 25 cent.; larg. 20 cent.

KESSEL (Jean Van)

3 — *Guirlande de fleurs ovale.*

Au centre, portrait d'un seigneur en costume du temps de Louis XIV.

Signé.

Peinture sur cuivre, dans un cadre en bois sculpté.

Haut., 42 cent.; larg., 32 cent.

ROUSSEAU (Th)

4 — *Paysage montueux.*

Au centre, choc de cavalerie. Esquisse provenant de la vente après décès de l'artiste.

Cadre en bois sculpté.

Haut., 24 cent.; larg., 34 cent.

RUYZ (Jean)

5 — *Vue de Venise.*

Peinture sur cuivre.

Signée.

Haut., cent.; larg., cent.

SEYBOLD

6 — *Portrait d'un officier polonais.*

Vu à mi-corps, de grandeur naturelle.
Cadre en bois sculpté.

Haut., 1 m.; larg., 70 cent.

DESSINS ANCIENS

ET AQUARELLES MODERNES

BENVENUTO CELLINI

7 — *Feuille d'études, d'orfèvrerie, vases, etc.*

Vases, etc. — Au verso : deux grands vases.
Dessins à la plume, lavés d'encre de Chine.
Provient du cabinet Vallardi.

Haut., 18 cent.; larg., 18 cent.

BOISSIEU (J.-J. de)

8 — *Bateau de pêcheur.*

Lavé au bistre.
Cadre en bois sculpté.

BOUCHER (F.)

9 — *Jeune fille.*

Vue à mi-corps. Sanguine.
Cadre en bois sculpté.

CHARLET

10 — *Aquarelle.*

Cadre en bois sculpté.

DINKEL (M.)

11 — *Sainte Madeleine.*

Dessin signé et daté 1790.

JORDAENS (J.)

12 — *Nymphe de la suite de Diane.*

Crayon noir.
Cadre en bois sculpté.

HUTIN (Ch.)

13 — *Modèle d'une pendule.*

Dessin à la plume, lavé d'aquarelle.

NEWTON-FIELDING

14 — *Chasse au sanglier.*

Aquarelle, signée et datée 1835.

NILSON (attribué à)

15 — *Deux figures, avec costumes brodés du temps de Louis XIV.*

Cadre en bois sculpté.

PLATZER

16 — *Études d'architecture, intérieurs, etc.*

Dessins à la plume, lavés d'encre de Chine.
Quinze pièces, in-folio.

SCHENAU

17 — *La Famille heureuse.*

Intérieur avec dix figures. Un des plus importants dessins de l'artiste, à la plume et terminé à l'aquarelle.
Cadre Louis XV, en bois sculpté.

SCHENAU

18 — *Tête de vieille femme.*

Sanguine.

WATERLOO (Antoine)

19 — *La Chapelle au bois.*

Grand dessin provenant du cabinet du baron de Verstolk.

WIERCX (Jean), 1606

20 — *Treize sujets de la création du monde.*

Fins dessins à la plume, sur vélin. Ont été faits pour l'empereur Rudolphe II d'Allemagne.

Treize pièces dans un cadre en bois sculpté.

WILLE (J.)

21 — *Buste de jeune fille.*

Sanguine.

Cadre en bois sculpté.

22 — *Peinture sur vélin.*

Les armoiries des descendants de Charles-François Favier, baron du Noyer.

23 — *Dessin d'orfèvre.*

Pied de calice du xve siècle, à la plume.

Cadre ancien.

ESTAMPES ANCIENNES

DES ÉCOLES

FRANÇAISE, ANGLAISE, ET QUELQUES PIÈCES DE L'ÉCOLE ALLEMANDE.

COSWAY (d'après)

24 — *Miss Fikell.*

Gravé par John Condé.
Cadre de l'époque.

DURER (ALBERT)

25 — *Ecce Homo.*

Superbe exemplaire, à très grande marge.
Encadré.

26 — *Pilate se lavant les mains.*

Superbe exemplaire, à très grande marge.

HONBRAKEN (J.)

27 — *William lord Burleigh,* 1738.

Belle épreuve avec marge.

LEU (Thomas de

28 — *Charles duc de Lorraine.*

Cadre en bois sculpté.

MARCENAY DE GHUY

29 — *Charles V et le duc de Villars.*

Belles épreuves dont une avant la lettre.
Encadrées.

MONTAGNE (Nic.)

30 — *François Ier, d'après* Janet.

Belle épreuve.
Cadre ancien.

MORIN

31 — *Henri II, roi de France, d'après* Janet.

Epreuve à grande marge.
Cadre ancien.

OUDRY (d'après J.-Bapt.)

32 — *Abois du cerf.*

Belle gravure, par J.-Ph. Le Bas.
Encadrée.

POLLARD (d'après Rowlandson)

33 — *Vaux-Hall.*

Ce Mabille anglais est plein de monde qui s'amuse.

Grande estampe, curieuse par les costumes, imprimée en brun.

Cadre ancien.

RAIMONDI (Marc-Antoine)

34 — *La Paix.*

Belle épreuve de cette charmante estampe.

Encadrée.

REYNOLDS (d'après sir Josua)

35 — *Lady Francis Ingram.*

Gravé en manière noire, par R. Smith. — Epreuve avant la lettre.

Encadrée.

REYNOLDS (d'après sir Josua)

36 — *Miss O'Brien assise, tournée vers la gauche.*

Gravé en manière noire, par J. Dixon. — Grand in-fol.

Epreuve avant la lettre, avec belle marge.

Cadre en bois sculpté.

SIMON (P.)

37 — *Louis XIV en buste, grandeur naturelle.*

Cadre en bois sculpté.

ESTAMPES EN FEUILLE

BARTOLOZZI (Fr.)

38 — *Carnaval de Venise.*

Suite de quatre gravures. Belles épreuves.

BARTOLOZZI (Fr.)

39 — *Deux paysages ornés de figures, d'après* Zuccarelli.

Grand in-fol. Belles épreuves.

BELLA (Etienne della)

40 — *Suite de cartouches.*

Douze jolies eaux-fortes, in-8. Paris, 1647.

BONNET (L.) (d'après Lagrénée)

41 — *L'Insomnie amoureuse.*

Gravure imprimée en rouge.

BUIGNE (A. de)

42 — *Le Chaudronnier, d'après* Kraus.

Superbe épreuve à toute marge.

CANALETTO (Antoine)

43 — *Huit vues vénitiennes.*

Spirituelles eaux-fortes, in-8. Très belles épreuves.

CANALETTO (Antoine)

44 — *Vues vénitiennes, Mestre, etc.*

Spirituelles eaux-fortes. Epreuves à grandes marges.

CARPI (Hugo da)

45 — *Amours dans un paysage.*

Joli clair-obscur. Pièce rare.

DORIGNY (N.)

46 — *Groupe allégorique, avec le portrait de Louis XIV.*

Vue générale de Rome.

Deux grandes pièces.

DOSSIER (d'après Albou)

47 — *L'Optique.*

Belle épreuve, marge.

DURER (ALBERT)

48 — *La Danse aux flambeaux.*

Belle et rare pièce de costumes.
Gravé en bois. B. app. 38.
Très belle épreuve.

LANGLOIS (d'après BEGA)

49 — *Paysan assis.*

Belle épreuve d'artiste avant la lettre.

GIRARD (F.)

50 — *Marie Stuart, d'après* Johanot.

Manière noire. Grand in-fol. Belle épreuve, marge.

GREEN (VAL)

51 — *The Death of Mary Stuart, d'après* Huck.

Belle gravure en manière noire. Grand in-fol. Marge.

LANCRET (d'après NIC.)

52 — *Deux belles gravures.*

**

LEFÈVRE (A.-H.)

53 — *Tête de prêtre.*

Impr. en couleur.

LEMPEREUR (L.)

54 — *Le Triomphe de Silène, d'après* Vanloo.

In-fol. Belle épreuve.

MORACE (E.)

55 — *La Princesse Clémentine de Naples et de Sicile.*

NANTEUIL (R.)

56 — *Pierre de Cambout de Coslin, évêque d'Orléans R. D.* 69.

Superbe épreuve du 1er état, marge.

POUSSIN (d'après N.)

57 — *Grands paysages, gravés par* E. Baudet.

Très belles épreuves, marge. Trois pièces.

SAUVÉ (Th.)

58 — *Louis XVIII et Madame la duchesse d'Angoulême.*

En bustes de grandeur naturelle. Gravés par Cardon. Belles épreuves.

STRANGE (Rob.)

59 — « *César et Pompeia.* »

Grand in-fol. Très belle épreuve à grande marge.

WATTEAU (d'après Ant.)

60 — *La Musette.*

Gravé par Moreau.
Grand in-fol. Belle marge.

61 — *La Perspective.*

Gravé par Crépy. Grand in-fol. Belle marge.

62 — *Les Charmes de la vie.*

Gravé par Aveline. Belle épreuve.

63 — *Une compagnie joyeuse.*

Gravé par P. M. Grand in-fol. Épreuve avant la lettre.

64 — *La Sculpture et la Peinture.*

Gravées par Desplaces. Belles épreuves, marge. Deux pièces.

65 — *Gravures anciennes imprimées en couleur.*

Jeux d'Amours. Huit pièces, in-8.

66 — *Prince russe voyageant dans un traîneau.*

Lithographie très rare de 1820. — Portrait d'Alexandra Feodorowna de Russie. Deux pièces.

67 — *Vues (russes) de la ville de Gatchine et du jardin de Pawlowski et de Peterhoff.*

Peint par Chedrine. Belles gravures, par F. Téléguine Belles épreuves.

68 — *Lot de beaux portraits français gravés par Nanteuil, John, Gaucher, et portrait de Louis XVI gravé par B.* Le Clair.

Cinq pièces.

69 — *Lot de jolies petites gravures par Avril, Huot, Chasteau, etc.*

Cinq pièces.

70 — *Un grand portefeuille pour estampes.*

OBJETS D'ART

ET DE CURIOSITÉ

71 — Faïence italienne. — Deux grands pots à deux anses entourés de compositions mythologiques en bleu sur fond blanc. Pièces rares du xvie siècle, probablement de Savone. Provenant de la collection du comte Casselbarco.

72 — Faïence italienne. — Autre paire de pots pareils aux précédents.

73 — Faïence italienne du xvie siècle. — Un bénitier, montrant saint Antoine de Padoue en relief sous un baldaquin.

74 — Faïence italienne du xvie siècle. — Plat rond, avec le Songe de Jacob. Belle pièce vigoureuse de couleur.

75 — Faïence italienne du xvie siècle. — Petit pot, portant un écusson d'armes, la fleur de lis des Bourbons et marqué d'un B. Belle pièce.

76 — Faïence italienne du XVIe siècle. — Plat rond, orné de fruits et de feuillages en bleu.

77 — Faïence italienne du XVIIe siècle. — Plat rond orné de vignettes. Bleu.

78 — Faïences allemandes du XVIe siècle. — Deux cruches en miniature, décorées d'ornements. Jolies pièces. Rares.

79 — Porcelaine. — Groupe d'enfants dansant. Charmante composition de huit figures.

80 — Porcelaine. — Groupe en biscuit ancien de Vienne : Junon et Flore.

81 — Porcelaine. — Sucrier, avec couvercle, et soucoupe (de Vienne), et quatre canettes en porcelaine de Saxe.

82 — Gobelet en argent doré repoussé. — Dans la coupe, portée par un génie ailé, se trouve un petit réservoir mobile renfermant une petite figure posée sur une boule. Curieux et joli de forme.

585 gram.

83 — Cuivre ouvré. — Grand plat rond du XVIe siècle, en cuivre repoussé. Il offre au centre une déesse entourée de figures mythologiques, d'emblèmes guerriers et de bordures. Curieux travail italien. Pièce importante.

Diam. 46 cent.

84 — Pendule Louis XVI, sur quatre dauphins. — Elle est surmontée par un jeune garçon à cheval au galop. Sur un socle en marbre orné de frises en bronze. Belle pièce, provenant de chez Mme la comtesse de Montmorency.

BRONZES D'ART

85 — Statuette en bronze, patine brune. — Femme nue, tenant un pot avec du feu. XVIIIe siècle.

Haut. sans le socle, 30 cent.

86 — Statuette en bronze, patine brune. — Diane. XVIIe siècle.

Haut. sans le socle en marbre, 25 cent.

87 — Statuette en bronze doré. — Le Sauveur bénissant. Italie, XVIe siècle.

Haut. sans le socle, 31 cent.

88 — Paire de chandeliers en bronze, avec ornements gravés Louis XVI.

89 — Bronzes antiques. — Trois anses de beaux vases. Belles formes et bien patinées.

90 — Bronze antique. — Grande anse de vase, de forme gracieuse. Belle patine bleuâtre.

91 — Écritoire italienne en bronze avec inscription, datée 1575.

92 — Petite cloche à main, ornée de figures. Inscription : Tenir son mot. A° dni 1552.

93 — Pièce d'ornement en bronze repoussé. Figures de bergères et nymphes. XVIIIe siècle.

94 — Jésus-Christ en croix et les saintes femmes, sur un socle. Bronze fortement doré. XVIIIe siècle.

95 — Cinq pièces d'ornements ajourés, faisant partie d'un beau cadre du XVIIe siècle.

96 — Bronze ancien. — Bassin oriental, couvert d'ornements gravés. Belle patine.

97 — Deux plats ronds en étain, avec de riches ornements. Travail allemand, fin du XVIe siècle.

BOIS SCULPTÉS

98 — La Sainte Vierge assise, richement vêtue, tenant l'Enfant Jésus. Belle sculpture flamande ancienne.

Haut. sans le socle, 31 cent.

99 — Le Calvaire. Charmant petit groupe finement sculpté en bois. Travail allemand, fin du XVIe siècle.

100 — Portrait en médaillon de Louis IX, roi de France. En buste, tourné vers la gauche. Dans un riche cadre ancien, sculpté et doré.

101 — Tabatière sculptée en buis, enrichie d'une figurine, de bustes et d'ornements.

102 — Deux tabatières anciennes et un flacon ancien, finement sculptés, en coco. Trois pièces.

103 — Deux tabatières en bois, dont une ornée de sujets de chasse, un flacon, un médaillon sculpté en coco et un pion de jeu de dames ancien. Trois pièces.

104 — Un couple amoureux. Curieux modèle pour des groupes en porcelaine de l'ancienne fabrique de Saxe, d'après des dessins de Schenau.

105 — Petit buste de jeune fille italienne. Sculpté en buis. Socle en bronze. XVIIe siècle.

VERRES

106 — Gobelet en verre gravé, décoré au pourtour de scènes champêtres. Beau travail du XVIIIe siècle, le pied est défectueux.

107 — Verre de Venise. — Verre à boire sur piédouche, bleu de couleur, orné d'un buste de doge sur fond or et d'une bordure de points rehaussée en émail blanc. Ancien travail rare et curieux.

PIÈCES D'ARMURES

108 — Étrier en fer gravé, décoré de bandes d'ornements et de trophées d'armes, etc., in-

crustés en or. Une courroie est attachée à cette pièce.

109 — Autre étrier faisant à peu près pendant à la pièce précédente.

110 — Fusil oriental, orné de belles plaques en argent. XVIIe siècle.

111 — Couteau de chasse avec manche en bronze orné et avec petit couteau et fourchette. Époque Louis XV. — En plus, morceaux de pulvérins anciens.

OBJETS EN FER

112 — Trois plaques en fer repoussé, incrustées d'or et richement décorées de figures, mascarons et ornements. Travail du XVIe siècle.

113 — Écusson et frise d'ornement en fer forgé et gravé. Deux petites pièces anciennes.

114 — Grande serrure de porte ornée de figures gravées, travail allemand du XVIe siècle, et une serrure à secret très ancienne. Deux pièces.

OBJETS VARIÉS

115 — Plaque, ornée de fleurs et de feuilles peintes sur émail. Provenant de la comtesse de Paar.

116 — Broderie représentant saint Joseph à mi-corps, grandeur naturelle, faite par Mme la baronne de B.

OBJETS DE VITRINE

117 — Jolie petite horloge ronde, en cuivre, gravé et doré, décorée de bustes, d'un génie et d'ornements Elle est posée sur trois boules. XVIe siècle.

118 — Éventail Louis XV. Orné de jolis motifs : bergères peintes à la gouache et ornements dorés.

119 — Médaillon en bois. — Portrait du duc Chrétien de Saxe, dans un joli cadre octogone ancien en argent.

120 — Tabatière ronde ornée d'une jolie peinture en miniature attribuée à Boilly, représentant quatre enfants avec une cage, dans une bordure d'or.

121 — Tabatière ronde en écaille piquée, avec une jeune fille en buste décolletée, peinte a la gouache dans une bordure d'or. XVIIIe siècle.

122 — Tabatière ronde en écaille. — Enfant apprenant la musique, peint en miniature, signé Jos. W. Bordure d'or. Louis XVI.

123 — Tabatière oblongue en émail bleu, sur cuivre, enrichie de figures en argent. Louis XV.

124 — Peinture en miniature sur porcelaine. — Portrait d'une princesse polonaise de Saxe présumée Czartoriska. Encadrée.

125 — Peinture en miniature sur ivoire. Jeune fille en buste. — Petit cadre ovale Louis XIV, en bois sculpté et doré.

126 — Peinture en miniature sur ivoire, du temps de Greuze. Jeune fille endormie. — Petit cadre en bronze doré.

127 — Cadres de miniature en argent. L'un, en ovale, est travaillé de deux côtés et ajouré ; l'autre, octogone, est orné d'une frise. Deux jolies pièces. Louis XIV.

128 — Cadre Louis XIII pour miniature, octogone, en bronze doré, ajouré et émaillé. En plus, deux plaquettes en nacre sculptée ornées de fines peintures. Trois pièces.

129 — Petit cadre ovale en bronze enrichi d'ornements. Louis XVI.

130 — Trois cadres anciens pour miniatures sculptés en bois.

131 — Relief en ivoire (attribué à Pietro Palmieri). — Saint Antoine de Padoue.

132 — Lunettes en argent doré et ciselé. Louis XVI.

133 — Paire de boucles de soulier en argent finement travaillé et ajouré. — Autre paire finement ciselée en argent. XVIIe et XVIIIe siècles. Quatre pièces.

134 — Boucle de ceinture en bronze, cuivre et argent doré, finement ciselé. Travail d'orfèvrerie japonaise.

135 — Boucle de manteau en bronze et émail cloisonné ancien. — Pièce d'ornement en bronze doré ancien. Deux pièces.

136 — Boîte ancienne en laque, avec peinture : sujet de chasse. XVIIIe siècle.

137 — Etui en ancien laque de Perse finement peint.

CADRES SCULPTÉS EN BOIS DORÉ

138 — Jolis cadres anciens, en bois sculpté et doré du temps de Louis XIV, de Louis XV et de Louis XVI, et quelques très anciens cadres italiens. Autres cadres anciens sculptés.

139 — Beau grand cadre Louis XIV. — L'intérieur présente un ovale richement orné de batailles contre les Turcs, également sculpté en bois doré. Ce cadre a été offert, on présume, par l'impératrice Marie-Thérèse (mère de Marie-Antoinette) à son chancelier, le prince de Kauniz.

140 — Cadre italien sculpté en bois et doré, surmonté d'une peinture à l'huile (Dieu le Père bénissant). XVIe siècle. Contenant une tête d'après Raphaël, dessin à la sanguine.

Haut., 80 cent.; larg., 50 cent.

141 — Cadre italien en bois sculpté et doré, composé de feuillages de vigne. Avec une glace.

Haut., 98 cent.; larg., 78 cent.

142 — Cadre Louis XIV en bois sculpté et doré, surmonté d'ornements avec les attributs du Pape. Contenant une feuille de manuscrit sur vélin du XIIIe siècle.

Haut., 85 cent.; larg., 60 cent.

143 — Cadre Louis XV en bois sculpté et doré, contenant le grand et beau portrait de François de Beauvau, d'après Rigaud, gravé par Drevet.

Haut., 85 cent.; larg., 60 cent.

144 — Charmant petit cadre Louis XV en bois finement sculpté et doré en partie. — Avec le joli portrait d'Antoinette de la Garde, gravé par Savart, 1775.

145 — Joli cadre Louis XV, en bois sculpté et doré contenant une étude de tête dessinée par T. Tordaens.

146 — Cadre de glace ou de tableau très ancien italien, formant un portail orné de colonnes.

147 — Paire de cadres en bois sculpté et doré. Louis XVI, avec les portraits de Bayle et de Colbert, gravés par P. Savart.

148 — Glace. Le cadre, en bois sculpté et doré, est en trois compartiments.

149 — Cadre Louis XV en bois sculpté et doré, contenant un rare portrait de Charles de Lorraine, duc de Guise.

150 — Petit cadre Louis XV en bois sculpté et doré, couronné d'ornements avec glace.

151 — Autre cadre de même genre, mais plus riche. Avec glace.

152 — Cadre Louis XIV en bois, de forme irrégulière, sculpté et doré, avec une charmante ancienne gravure avant la lettre : portrait d'une dame.

153 — Cadres Louis XV sculptés en bois noir et doré. Deux petites pièces avec gravures anciennes.

154 — Paire de petits cadres anciens en bois sculpté et doré, avec huit portraits de dames anglaises, gravés par F. Fune, 1763.

155 — Petit cadre en bois sculpté et doré, avec le portrait de Pierre de Bernis, archevêque d'Albi, gravé par Savart.

156 — Cadre Louis XV, en bois sculpté et doré, avec glace.

157 — Petit cadre Louis XV, en bois sculpté et doré, avec le joli portrait de Mme la comtesse du-Bary, gravé par Le Beau.

158 — Petit cadre en bois sculpté et doré, couvert d'ornements, avec la sainte Vierge peinte en miniature sur vélin.

159 — Petit cadre sculpté et doré Louis XV, avec une gravure allemande. — Copie moderne du même cadre, non doré, avec un petit portrait français.

LIVRES A FIGURES

ET RELIURES ANCIENNES

160 — Statues et bustes antiques de maisons royales. Ire partie ; Paris, 1679, avec les belles gravures de Claude Mellan. — Description de la grotte de Versailles. Paris 1676, avec les belles eaux-fortes et gravures par Edelinck, Picart, Le Pautre, etc. En 1 vol. grand in-fol., l'ancienne reliure en mar. r. est orné des armoiries du roi.

161 — Œuvre de Jean-Bapt. Huet, avec son portrait.

Ire partie, pl. 1-66 dont il manque 10, et IIe partie, 40 planches, belles gravures par Huet fils. Paris, grand in-fol. demi-rel. ancienne.

162 — *Bonneville (F.)*. Portraits de personnages célèbres de la Révolution, avec notices raisonnées sur chacun de ces portrait. Tome III. Paris 1797. — Tome IV, 1802. Rel. de l'époque, 2 vol. in-4.

163 — Les Conquètes de l'empereur de la Chine, suite de 26 estampes gravées par Helman, 1784 et 1785. Superbes épreuves tirées avant la lettre. Carton in-fol.

164 — *Perelle*. Anciennes vues de France et de paysages 112 jolies gravures par Perelle et quelques autres. Superbes épreuves ainsi que quelques épreuves d'essai, demi-rel. in-fol.

165 — *Gravelot (d'après)*. Métamorphoses d'Ovide, 96 jolies gravures in-4 reliées.

166 — Labyrinthe de Versailles. Paris 1643, avec 42 belles eaux-fortes. Bel exemplaire à grande marge.

167 — *De Fer (N.)*. L'introduction à la fortification. Dédié au duc de Bourgogne par De Fer. Avec un grand nombre de vue de France et autres gravées à l'eau-forte, par Inselin van Loon, Guierard, etc. Paris 1690. In-fol., ancienne rel.

168 — *London*. Vie et œuvres de peintres les plus célèbres de toutes les écoles. Les principales productions gravées au trait. Paris, C. P. London, 1811. Superbe exemplaire à toute marge, signé par London lui-même. C'est le 95e exemplaire sur deux cents avant la lettre.

169 — *Laurus (J.)*. Vues de Rome antique et moderne, de fêtes, etc. « Romæ vetus et nova », par J. Laurus. Grand nombre de belles gravures avec le portrait de Charles-Emmanuel, duc de Savoie, gravé 1613. Anc. rel. vélin, petit in-fol.

170 — *Tarsis de Zélie* avec de jolies gravures d'après Eisen. Paris 1774. Tome I. Reliure de l'époque.

171 — *Fassoni (A.)*. La secchia rapita, poème, avec de jolies gravures d'après *Gravelot*. Paris, 1766. Tomes I et II. Reliure de l'époque.

172 — *Rusiellus. Jer*. Le imprese illustri del Sre Jeromino Ruscelli. Venise, 1584. Avec quantité de jolies eaux-fortes par Franco, etc. Bel exemplaire. Rel. ancienne, veau, in-4.

173 — *Vriese, Vrediman*. L'art de la perspective, avec 72 très belles gravures par Hondius. La Haye, 1604 In-fol., ancienne rel. vélin.

174 — Vingt gravures anciennes imprimées en différentes couleurs. Compositions de figures. Épreuves avant la lettre, vol. in-4.

175 — *Landon*. Le Musée Napoléon, avec beaucoup de jolies gravures, épreuves avant la lettre. Paris. 1805 à 1808. In-8, vol. I, II et IV.

176 — *Lairesse* (*G. de*). Les principes du dessin avec 120 belles gravures par *Goltzius*, *G. de Passe*, *Swanembury van Vorst*, etc. Amsterdam, 1719. Ancienne rel. veau, in-fol.

177 — Tableaux de maîtres anciens appartenant à M. le baron de Beurnonville. 17 belles eaux-fortes épreuves choisies, à toute marge. Reliées.

178 — 120 jolies petites illustrations et vignettes gravées par Chodowiecki et autres, parmi lesquelles des pièces rares et avant la lettre; dans un volume provenant de la bibliothèque du comte J.

179 — *Sprengius* (*Jean*). Métamorphoses d'Ovide. Lib. XV, avec les charmantes gravures sur bois par Virgil Salis. 1563. La reliure est de la même date. Très rare.

180 — Belle reliure d'album en vélin, enrichi de fins ornements en or, le dos en couleurs. In-8. Fin du XVIe siècle.

181 — Petit album ancien, richement décoré d'ornement en or et émaillé sur fond rouge. In-8.

182 — Belle reliure avec grande armoirie couronnée et entourée de riches ornements en couleurs et en or sur veau brun. Vita della venerabile marianne de Gesu Roma, 1776.

183 — Deux reliures avec de riches ornements. xvie et xviiie siècles, 2 p.

184 — Jolie reliure couverte d'ornement en or. xviie siècle et deux autres anciennes et belles, 3 p.

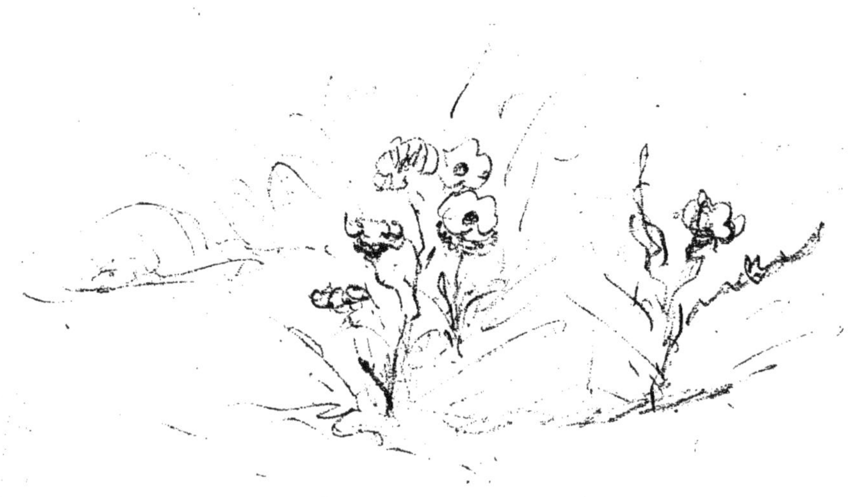

www.ingramcontent.com/pod-product-compliance
Ingram Content Group UK Ltd.
Pitfield, Milton Keynes, MK11 3LW, UK
UKHW020504180726
13839UKWH00004B/1895

9 782329 526164